Cacerolazo 2001

Una mirada inicial a los media

Por Claudio Ariel Clarenc

ISBN 978-0-557-18026-4

Autor: Claudio Ariel Clarenc

Editado y publicado por Claudio Ariel Clarenc
claudio.clarenc@gmail.com
www.humanodigital.com.ar

Escrito y elaborado en Buenos Aires a mediados de 2002.
Publicado desde San Carlos de Bariloche, Río Negro, Argentina. Abril de 2010.

Prólogo

Este trabajo tiene carácter de monografía y fue realizado por mí en 2002 para la materia Opinión Pública de las Carreras Licenciatura en Periodismo y Licenciatura en Comunicación de la Universidad Caece.

Su difusión tiene el único e inequívoco objetivo de mostrar una mirada inicial al tema abordado. Por este motivo, se publica en su estado original, manteniéndose intocables los contenidos del marco teórico, el análisis –quizás ya obsoleto- y su estilo de redacción.

Acerca de mí

Me considero experto en SEO, SEM, SMO, Marketing en Internet, Tecnologías de la Información y las Comunicaciones (TICs), NTICS, Nuevos Medios y periodismo digital, entre otros.

Soy docente, periodista, investigador, comunicador, a veces escritor, pero principalmente entusiasta y apasionado por la información, el conocimiento, la tecnología, la educación, internet, el arte, la música, la ciencia y la cultura en general.

Índice

Resumen

El propósito de este trabajo es demostrar el grado de influencia de los medios en la denominada opinión pública, mediante la recolección empírica de las portadas de los tres principales diarios de la Argentina durante el período comprendido entre el 15 y el 21 de diciembre de 2001 y del análisis acotado del rol de estos medios y de la opinión pública durante la presidencia de Fernando De La Rúa.

Para ello, se toma como punto de partida a la semiótica y la conformación del signo, la significación y la producción de sentido. Luego ubicamos el mensaje y el medio como unidades primarias de análisis y los efectos de los media en relación con la denominada "opinión pública".

Construiremos entonces una línea temática que va desde las ideas de Marshall Mc Luhan sobre los media, pasando por el pensamiento marxista, la retórica y la espiral del silencio, hasta la concepción de la hipótesis de la agenda setting y su respectivo análisis.

1 Introducción

1.1 La significación y la producción de sentido

La semiótica nos es útil como una herramienta de análisis de contenidos y connotaciones del lenguaje de los medios.

La semiosis social es "el estudio de los fenómenos sociales en tanto procesos de producción de sentido"[1]

> La semiótica es, en principio, la disciplina que estudia todo lo que puede usarse para mentir. Si una cosa no puede usarse para mentir, en ese caso tampoco puede usarse para decir la verdad: en realidad, no puede usarse para decir nada (Eco, 1977: 31)

Para Umberto Eco, la semiótica es la disciplina que estudia las relaciones entre el código y el mensaje, entre el signo y el discurso, el uso e interpretación de los signos para comunicar, informar, mentir, engañar y dominar.

---

[1] Verón, Eliseo. *La Semiosis social. Fragmentos de una teoría de la discursividad.* Gedisa.

La definición común y abreviada de la semiótica es "el estudio de los signos" o "teoría de los signos", siendo el signo "todo lo que se coloca en lugar de otra cosa"[2].

Eco ubica al signo como transmisor de información, inserto dentro de un proceso de comunicación del tipo fuente- emisor- canal- mensaje- destinatario (receptor), al estilo del modelo de comunicación de Shannon.

El modelo saussureano establece que todo signo está compuesto por un significante o imagen acústica y un significado o concepto que representa[3].

Más adelante Charles Sanders Pierce incorporó al denominado referente, ente material al cual el signo hace referencia[4].

La convención social es necesaria para el entendimiento de un signo, y la convención en sí es producto de la misma construcción social, es decir, la relación entre el significante y el significado de un signo está sujeta a los cambios propios de la vida social y cultural.

Los signos se organizan en dos dimensiones: paradigmática y sintagmática.

En los sintagmas el significado está determinado por cómo el signo se relaciona con los otros, mientras que en los paradigmas está

---

[2] El encomillado es nuestro. Es una interpretación propia del discurso de Umberto Eco.

[3] Léase *El signo lingüístico* de Ferdinand de Saussure.

[4] Léase la teoría de Charles Pierce sobre el aspecto triádico del signo lingüístico.

establecido por cómo dicho signo se distingue o diferencia de los otros. Es decir que el análisis sintagmático estudia la estructura de la superficie de un texto y el análisis paradigmático busca establecer el sentido del uso de un significante en lugar de otro.

Hay dos ordenes de significación. El primero, es el de la denotación, el cual consiste en un significado y un significante. El segundo, la connotación, es una significación que usa como significante al aspecto denotativo del signo para luego asociarle un nuevo significado.

Entonces podemos afirmar que el análisis semiótico social intenta construir o deducir a partir del discurso las formas en las cuales opera la significación, o mejor dicho, la producción de sentido, a fin de revelar cómo ciertos valores, actitudes o creencias son reforzados, mientras otros son suprimidos o acotados.

1.2 La Retórica

El filósofo griego Aristóteles creía que nuestras experiencias constituían conocimientos compartibles con otros mediante el uso del discurso retórico. En su compilación, *Retórica,* delínea los elementos envueltos en el proceso de persuasión y su eficacia para lograr impactar a las audiencias. Aristóteles define la retórica como "la facultad de conocer en cada caso aquello que puede persuadir"[5].

Esta búsqueda de argumentos persuasivos tiene dos finalidades: convencer y emocionar.

La retórica aristotélica se basa en el principio de lo verosímil, en demostrar mediante el razonamiento aquello que la gente cree posible. Para ello se vale de una lógica adaptada a los criterios de la opinión pública: el sentido común.

Tomando como puntos de partida la semiosis social y la producción de sentido, y la retórica como mecanismo de persuasión, pretendo analizar fugazmente las portadas de los tres principales medios gráficos de la Argentina durante el período comprendido entre el 15 y el 21 de diciembre de 2001, con el objetivo de demostrar la influencia de los medios sobre la opinión pública.

---

[5] Aristóteles. *Retórica.* Alianza Editorial. Madrid, 2000.

Hipótesis:

Los medios gráficos no sólo reflejan la opinión pública sino que también influyen sobre ella, la modelan y la reformulan.

2. Desarrollo

2.1 Los Medios, la Opinión Pública y el control social durante la presidencia de Fernando De La Rúa

Según Marshall Mc Luhan "las sociedades siempre han sido moldeadas más por la naturaleza del medio por el cual se comunican que por el contenido de la comunicación" y "es imposible el entendimiento de los cambios sociales y culturales sin un conocimiento de la influencia de los medios"[6].

En 1999, el Gobierno de Fernando de la Rúa comenzó sin satisfacer los anhelos inmediatos de la sociedad y, durante su período, se fue formando una opinión pública desfavorable sobre su desempeño.

Las promesas electorales no sólo no se cumplieron, sino que los hechos demuestran que fueron contrarias.

---

[6] Mc Luhan, Marshall y Fiore Quentin. *El medio es el masaje*. Paidós. Buenos Aires, 1995.

Ante la falta comunicacional del Presidente, los medios se vieron ante la necesidad de caricaturizarlo, resaltando así sus debilidades más que sus fortalezas.

> "Los efectos más importantes de los medios no son función de su contenido, sino de su forma, la posibilidad que estos ofrecen de condicionar nuestras percepciones del mundo". (Mc Luhan, 1995)

De esta forma, la Opinión Pública comenzó a juzgar la incapacidad de gobernar del presidente, debido a la gran crisis económica, política y social que nuestro país estaba atravesando, aspectos que ocasionaron el deterioro de su imagen y de su credibilidad.

Este último punto nos remite a la teoría marxista, la cual explica que el factor determinante en la superestructura social es la base económica, incluye a la conciencia social, política, intelectual y al individuo. Por este motivo, el marxismo clásico sostiene que los medios de masas producen una "falsa conciencia" en las clases trabajadoras, es decir, la ideología dominante en la sociedad es en verdad la ideología de la clase dominante.

Pero, ¿qué es la denominada opinión pública?

La opinión pública consiste en el modo común y colectivo de pensar y de sentir de un grupo social en determinadas circunstancias de tiempo y de lugar. Es el reflejo de una sociedad democrática estable y forma la base del Estado. Indica lo que las personas piensan sobre un tema, un acontecimiento, un problema de cierto relieve.

En general se cree que los medios de comunicación tienen el poder de cambiar la opinión pública de cierta manera. Esta creencia (real o imaginaria) está implícita en las conductas de todos los actores políticos y sociales.

Hay que aclarar que cuando hablamos de cambios en la opinión pública nos estamos refiriendo a cambios en la actitud más que en la conducta o en la acción.

Para diferenciar los conceptos de opinión y de actitud Sinópoli desarrolla tres componentes típicos sobre los cuales se funda la segunda[7]:

- El cognoscitivo o intelectual, originado en el saber y conocimiento propios de los individuos en relación racional con su entorno.

- El afectivo, relacionado con los sentimientos irracionales, el subconsciente. El lugar en el cual se expresan las cuestiones que nos agradan o desagradan.

---

[7] Sinópoli, Daniel Alberto. *Opinión Pública y Consumos Culturales. Reconocimiento de las estrategias persuasivas*. Docencia. Buenos Aires, 1997.

- El componente volitivo, que está vinculado con la voluntad determinante de nuestra predisposición a favor o en contra respecto de una acción determinada.

El pueblo, al verse gobernado por un presidente que no respondía ni cumplía sus expectativas, comenzó a reaccionar de distintas formas. La prensa opinó acerca de la mala situación del país y de la política económica, los sindicatos comenzaron a realizar huelgas y piquetes, y el riesgo país subió aproximadamente cuatro mil puntos en menos de cinco meses.

Estas distintas corrientes de opinión surgidas de grupos de poder, personas individuales y la prensa terminaron por corromper la imagen del presidente ante la sociedad, quien no le prestó atención a la Opinión Pública ni a la opinión publicada por los medios de comunicación.

La Opinión publicada difiere de la opinión pública ya que esta se encuentra vinculada al análisis de una sola persona que plasma su punto de vista y lo difunde a través de un medio de comunicación masivo.

Pero a su vez, la opinión publicada está sometida al efecto de manipulación de la información, ya que el hecho de que unos pocos realicen la Agenda setting del día y así decidan los hechos que ocuparán las primeras planas de los diarios o los flashes en televisión y en radio, es un factor que incide directamente en el gobierno, debido a qué se difundirá lo que ese medio considere importante acerca del desempeño del gobierno, afianzando positivamente su imagen o haciéndola decaer, en este caso.

> "Entre los factores más importantes que contribuyen a la socialización, no pueden dejar de considerarse los media. A esta altura casi no hay dudas de que la representación del mundo ¨real¨ por parte de la mayoría de las personas es, sobre todo, una consecuencia de su encuentro con los medios de comunicación" (Sinópoli, 1997: 138)

La acción de los media -Clarín, La Nación y Página/12, en nuestro análisis- sobre la opinión pública varía conforme al prestigio que se les atribuya. Además, cuánto mayor es el monopolio de estos medios de comunicación -en especial Clarín-, es más fácil que la opinión cambie en la dirección deseada, debido a la carencia de elementos contrastantes.

> "La noción de control social puede definirse, por tanto, desde dos concepciones antinómicas: una relativa a los grupos y estructuras sociales como generadores de las corrientes culturales y de opinión que los medios adoptan para su discurso, instituyéndolas; la otra, amparada por la idea de los medios de comunicación como operadores de gran parte de la

> conciencia colectiva y las costumbres públicas y privadas" (Sinópoli, 1997: 171)

Pero sobre un individuo gravita, no sólo lo que los medios ofrecen y el cómo lo ofrecen, sino también la pertenencia a grupos sociales –mencionados anteriormente- con cuyos miembros contrasta su interpretación de los mensajes.

> "Los efectos provocados por los medios de comunicación de masas ¨dependen de las fuerzas sociales dominantes en determinado período¨". (Lazarsfeld en Wolf, 1987: 55)

2.2 La Espiral del Silencio

La influencia de los medios sobre la opinión pública durante el gobierno de Fernando De La Rúa no fue contundente, sino que participaron otros factores vinculados a la necesidad de cambio, por lo cual los media reforzaron esas actitudes y opiniones previas del imaginario colectivo.

Noelle-Neumann, en su libro *La espiral del silencio. Opinión pública: nuestra piel social*, explica la tendencia a concordar la existencia de una opinión pública y de una opinión privada en los individuos, y de la elaboración en la mayoría de los casos de un discurso de racionalización y auto-convencimiento, de adaptación a la opinión pública generalmente aceptada. Además, plantea que hay personas que no desean verse aisladas en público con sus opiniones, motivo por el cual asimilan las opiniones del entorno.

> "La espiral del silencio es una reacción ante la aprobación y la desaprobación patente y visible en el marco de constelaciones cambiantes de valores..." (Noelle-Neumann, 1994: 90)

Los individuos que creen hallarse entre la opinión mayoritaria están dispuestos a hablar, mientras que los que se creen en la minoritaria generalmente callan. La sociedad amenaza con la exclusión y el aislamiento a quienes se alejan del consenso.

David Hume (citado por Noelle-Neumann en *La espiral del silencio*) afirma: "Hasta a los hombres de mayor discreción e inteligencia... les resulta muy difícil seguir su propia razón o inclinación si se opone a la de sus amigos y compañeros cotidianos".

Este aspecto fue muy notorio durante el Gobierno de Fernando De La Rúa. Durante los primeros meses, cuando su imagen aún era buena y seguía siendo el "salvador del pueblo", quien hablaba mal del Presidente era mal visto o catalogado por el grupo al cual pertenecía. Este hecho tuvo el efecto contrario meses más tarde, cuando la imagen del Presidente ya estaba debilitada.

Domenach[8] sostiene que "es raro que el individuo intente realmente tener un juicio propio. Aún en aquellos asuntos que le son accesibles, comienza por tomar referencias en el grupo social en que vive, en su diario, en sus parientes y amigos".

De esta forma "una mayoría que no se siente apoyada por los medios se convierte en mayoría silenciosa"[9].

De acuerdo con este Neumann podemos decir que hablar o callar influye en la percepción del entorno de otros individuos, produciendo procesos de espiral.

Los cinco supuestos de la Teoría de la *Espiral del Silencio* son:

- La sociedad amenaza a los individuos desviados con el aislamiento.
- Los individuos experimentan un continuo miedo al aislamiento.
- El miedo al aislamiento ocasiona que los individuos intenten evaluar continuamente el clima de opinión.
- Los resultados de esta evaluación influyen en el comportamiento en publico.

---

[8] Domenach, Jean-Marie. *La Propaganda Política*. Eudeba, 1955.

[9] Noelle-Neumann, Elisabeth. *La espiral del silencio. Opinión Pública: nuestra piel social*. Paidós, Bacerlona, 1994.

El quinto supuesto afirma que los cuatro anteriores están relacionados entre sí, permitiendo una explicación de la formación, el mantenimiento y la modificación de la opinión pública.

Sin embargo, no se puede afirmar que los medios de comunicación carecieron de influencia, por lo cual es necesario señalar que ésta no proviene del impacto inmediato, sino de su acción prolongada en el tiempo, aspecto que nos sitúa en el estudio de los efectos a largo plazo y en la Hipótesis de la agenda setting y su respectivo análisis.

2.3 La Agenda Setting

La teoría de la agenda, al ocuparse de los efectos a largo plazo se constituye en una hipótesis sobre la "opinión pública" creada para los medios: la tematización (sobre qué temas hay que pensar), la categorización (cómo pensarlo) y la jerarquización (qué valor concederle), crean una imagen que incluye una serie de valores, experiencias, creencias, expectativas, etcétera.

> "El presupuesto fundamental de la *agenda setting* es que la comprensión que tiene la gente de gran parte de la realidad

social es modificada por los media". (Shaw en Wolf, 1987: 163)

El análisis de las agendas settings de Clarín, La Nación y Página/12 durante la presidencia de De La Rúa nos permite identificar ciertos temas instalados durante varios meses: la crisis social, política y económica: la inseguridad, la deuda externa, el continuo aumento de la tasa de medición del riesgo país y la incapacidad del Presidente para tomar medidas que reviertan la situación, entre otros. Esta acentuación de los temas de conflicto en los medios proporcionó a las personas la "orden del día" para la formación de opiniones propias.

Durante los seis o siete días previos al denominado "cacerolazo", que comenzó la noche del 19 de diciembre y que se extendió hasta el 21, la acentuación de los temas de conflictos fue más notoria. Los ejes coyunturales destacados giraron en torno a los siguientes puntos:

- Foco puesto en Domingo Caballo: los medios estaban a la expectativa de conseguir la primicia sobre algún cambio a realizarse en el Gobierno, a raíz de las últimas negociaciones del ex Ministro con el Fondo Monetario Internacional (FMI). Posibilidad de dolarización.

- Acuerdo de Fernando de la Rúa con los Gobernadores: Búsqueda de consenso político, intento de respaldo de la oposición.

- Ineficiencia en la toma de decisiones rápidas y eficaces por parte del oficialismo.

- Riesgo país.

- Guerra bacteriológica: repercusiones y medidas en el panorama Argentino.

- Resultados de las últimas elecciones: Nuevas estructuras en el Parlamento: mayoría de la oposición.

- El aumento del desempleo y de los pobres

Teniendo en cuenta estos aspectos, y citando a Mauro Wolf, la prensa no dice lo que hay que pensar pero sí en torno a qué temas hay que pensar. Así, los media tienen la capacidad diferenciada de establecer el orden del día de los temas públicamente importantes.

Este autor, para explicar la hipótesis de la *agenda setting* cita a Shaw: "... La gente tiende a incluir o a excluir de sus propios conocimientos lo que los media incluyen o excluyen de su propio contenido"[10]. (Shaw en Wolf, 1987: 163)

Los medios constituyen, junto con la observación directa del entorno, una fuente para poder percibir cuáles son las opiniones que prevalecen en el momento.

> "... Los diferentes procedimientos de construcción de la realidad social dan un carácter altamente subjetivo a la

---

[10] Wolf, Mauro. *La investigación de la comunicación de masas*, Paidós, Barcelona, 1987.

interpretación y valoración de las noticias; desde allí puede corroborarse la presunción de los medios como delineadores de la realidad y no como ¨espejos¨ de la misma" (Sinópoli, 1997: 176)

Durante esos seis días las editoriales de estos tres medios gráficos se dedicaron a criticar la situación social.

Para Vincent Price "Los medios de comunicación son algo más que los portadores del debate público. Además de proporcionar los canales a través de los que los actores cruzan sus mensajes, los medios de elite promulgan sus propios puntos de vista a través de análisis políticos partidistas y a través de apoyos editoriales a políticas y candidatos"[11]

La opinión pública fue desfavorable para el Gobierno de De la Rúa y, estos tres medio gráficos, publicaron infografías[12] y encuestas, algunas en portada, en las cuales se afirmaban el repudio de la sociedad hacia toda la clase política dirigente.

Existió una alteración de los límites entre la libertad de la prensa y la responsabilidad de la misión periodística.

"[...] el tratamiento particular que un medio confiere a una información -a través de omisiones, adiciones y la

[11] Price, Vincent. *La Opinión Pública. Esfera pública y comunicación.* Paidós, 1994.

[12] Ver infografías en Anexo.

manipulación del contexto- determina una jerarquización y un sentido diferentes respecto de los demás medios que le han incluido ese mismo día en su agenda [...]" (Sinópoli, 1997: 176)

Para Wolf, "cuánto menor es la experiencia directa que tiene el público sobre una determinada área temática, más depende de los media para obtener las informaciones y los marcos de interpretación correspondientes a esa área".

La agenda setting, es decir la agenda de los medios, determina la agenda building o del público. Este aspecto lo podemos demostrar a partir del análisis de la agenda de los medios, desde el 15 al 21 de diciembre, mediante la confección de una tabla[13] básica sobre la estructura: la forma y el contenido de las portadas de los tres principales diarios argentinos.

T = Cantidad de titulares centrales (no se cuentan los anticipos de los suplementos)

I = Cantidad de imágenes en portadas (las infografías están incluidas y las imágenes de los suplementos no).

---

[13] Esta tabla sólo intenta mostrar fugazmente el contenido y la forma por medio de los cuales estos diarios instalaron a la orden del día los temas en la agenda. Debido a que este trabajo tiene como objetivo demostrar la influencia de los medios sobre la opinión pública a partir de un hecho empírico, no vamos a indagar en detalle el análisis semiótico y semiológico del discurso mediático y su respectiva forma de representación. La interpretación y el análisis, tanto de esta tabla como así también de las portadas (incluidas en el Anexo) y del contenido y forma utilizados por los medios, le concierne al lector.

Estilo = Estilo del titular principal relacionado con el hecho que es objeto del análisis.

Tabla Comparativa

Fecha	Medio	Orden de los titulares	T	I	Títulos relacionados con el hecho que es objeto del análisis	Estilo
15/12/2001	Clarín	vertical	4	1	"La Argentina pagó y evitó el default"	Volanta, copete de 4 líneas y 3 subtítulos.
15/12/2001	La Nación	vertical y horizontal	-	-	-	-
15/12/2001	Página/12	central	-	-	-	-
16/12/2001	Clarín	vertical	5	1	1. "Gobierno: Avanza la idea de dolarizar". 2. "Saqueos en Mendoza y Entre Ríos".	Volanta, copete de 3 líneas y 4 subtítulos.
16/12/2001	La Nación	vertical y horizontal	6	3	1. "Fueron abiertas 600.000 cuentas en doce días". 2. "El nuevo Senado mantiene las viejas mañas".	Bajada y copete de 3 líneas.
16/12/2001	Página/12	central	3	1	1. "El fantasma del ´89". 2. "El PJ ya amenaza con el juicio político". 3. "Un alivio en el arbolito".	Copete de 5 líneas
17/12/2001	Clarín	vertical	3	2	"No habrá dolarización forzosa, dice el Gobierno".	Volanta, copete de 8 líneas y

						4 subtítulos.
17/12/2001	La Nación	vertical y horizontal	7	3	1. "Cavallo advierte: si no se baja el gasto público habrá más ajustes". 2. "Desempleo: ahora afecta a los más preparados".	Volanta, bajada, copete de 3 líneas
17/12/2001	Página/12	central	3	1	1. "Otro Camino". 2. "Un alivio de 2500 millones".	Copete de 4 líneas
18/12/2001	Clarín	vertical	3	1	"Por única vez, dejan sacar 500 pesos más".	Volanta, copete de 3 líneas y 3 subtítulos.
18/12/2001	La Nación	vertical y horizontal	7	5	1. "El presupuesto prevé un fuerte ajuste de casi $9200 millones". 2. "Ante un desafío histórico". 3. "Dejan sacar 500 pesos más para las fiestas". 4. "Los colegios más caros no son los primeros". 5. "Fallido intento de golpe de Estado en Haití".	Volanta, bajada, copete de 3 líneas y 4 subtítulos.
18/12/2001	Página/12	central	3	1	1. "Navidad Amarga". 2. "El mayor ajuste de la historia". 3. "Otro camino: La consulta contra la Pobreza logró 2.700.000 votos".	Copete de 5 líneas, 2 bajadas y 1 subtítulo.
19/12/2001	Clarín	vertical	5		1. "Presupuesto: el recorte es de 6.000 millones". 2. "Una noche de saqueos y violencia".	Volanta, copete de 4 líneas y 3 subtítulos.
19/12/2001	La Nación	vertical y horizontal	7	3	1. "Cuestionó el FMI la política económica de la	Volanta, bajada y

					Argentina". 2. "El comienzo de la solución pasa por el presupuesto". 3. "Las farmacias dejan de atender al PAMI". 4. "Récord de policías asesinados desde 1976".	copete de 3 líneas.
19/12/2001	Página/12	central	6	2	1. "No es sostenible". 2. "Imposible no devaluar". 3. "Saqueos en San Miguel y Moreno". 4. "Récord de policías asesinados desde 1976". 5. "Desesperante"	Volanta, copete de 4 líneas y 3 subtítulos
20/12/2001	Clarín	Vertical y horizontal	1	1	1. "Se va Cavallo: negocian con el peronismo". 1.1 "Hubo saqueos en la Capital Federal y en once provincias, con siete muertos y 138 heridos". 1.2 "La clase media hizo su propia protesta: gigantesco cacerolazo y marchas en la ciudad". 1.3 "Anoche, De la Rúa decretó el estado de sitio por treinta días y una vez más llamó al consenso". 1.4 "Un Gobierno sin poder, que perdió la autoridad".	Volanta, copete de 3 líneas y 4 subtítulos
20/12/2001	La Nación	vertical y horizontal	5	4	1. "Rige el estado de sitio después de los saqueos; renunció Cavallo". 2. "Cacerolazo y marchas en toda la Capital". 3. "Diputados derogó la restricción de salarios y los superpoderes". 4. "Los empresarios	Volanta, copete de 2 líneas.

					reclaman autoridad". 5. "Más cerca de una definición".	
20/12/2001	Página/12	central	2	2	1. "Estalló la gente y renunció Cavallo". 2. "Saqueos masivos, estadio de sitio, repudio generalizado y crisis oficial".	Copete de 5 líneas.
21/12/2001	Clarín	vertical	2	1	1. "Renunció De la Rúa". 1.2. "El PJ analiza la devaluación". 1.3. "La sucesión está ahora en manos del Congreso".	Volanta, copete de 4 líneas y 2 subtítulos.
21/12/2001	La Nación	vertical y horizontal	4	3	1. "Renunció De la Rúa". 2. "Qué cambios estudian para la transición". 3. "La vigencia de un viejo estigma". 4. "Veintitrés muertos y miles de heridos".	Volanta, bajada, copete de 2 líneas y 3 subtítulos.
21/12/2001	Página/12	central	3	5	1. "El peor final". 1.1 "De la Rúa se fue, pero dejó 26 muertos a sus espaldas". 2. "Devaluación y valor". 3. "El PJ quedó dueño de la situación"	Volanta, 2 bajada, copete de 5 líneas y 1 subtítulo.

El primer cacerolazo se originó por la suma de conductas individuales impulsadas por un cambio acelerado en la opinión pública, mediante sujetos agobiados y fastidiados por la situación económica, política y social y saturados por la cantidad de información recibida, entre algunos aspectos.

> "La explosión de la información, tan representativa de la cultura contemporánea, estriba fundamentalmente en el aprovechamiento máximo de una noticia considerada ¨importante¨ por el gran público, formulada, reformulada y retransmitida una y otra vez. Joseph Gifreu señala el peligro de este exceso como factor desencadenante de la saturación" (Sinópoli, 1997: 125)

Durante el transcurso del miércoles 19 de diciembre y los cuatro días anteriores, los medios hicieron eco de las protestas que surgían, catalogándolas de "estallido social" o "saqueos" (Ver portadas en Anexo).

Podemos explicar el crecimiento de estas protestas y el grado de implicancia de los saqueos por medio de la teoría de la espiral del silencio como control social, es decir, las opiniones mayoritarias tienden a difundirse más e incrementar el número de sus simpatizantes, mientras que las corrientes minoritarias tienden a disminuir, lo cual obedece a la lógica psicológica que castiga al disidente y refuerza al alineado con la opinión dominante.

¿Cómo y por qué tantas personas que hasta el día del primer cacerolazo permaneció callada luego se animó a protestar?

Antes del miércoles 19, el día de los saqueos y la noche del primer cacerolazo, la opinión pública en nuestro país estaba débil.

En apenas seis días se cumplieron todos los requisitos de los cuales habla la espiral del silencio.

3. Conclusión

Si tenemos en cuenta que "los medios de comunicación permiten al público atento seguir la huella a los actores políticos (vigilancia) y organizar sus respuestas hacia ellos (correlación)"[14], podemos decir que el periodista es portavoz de la información y emite opiniones en el ámbito público, por lo tanto está marcado de forma individual y pública ante los fenómenos de la espiral del silencio.

Ante la clásica pregunta sobre si los medios anticipan a la opinión pública o si sólo la reflejan, deducimos del estudio de la teoría de la espiral del silencio que los medios son iniciadores de la opinión pública, ya que constituyen el entorno cuya presión desencadena la combatividad o el silencio.

Si damos por hecho que los primeros cacerolazos fueron espontáneos, podemos tomarlos como un claro ejemplo empírico de la teoría de la espiral del silencio por medio de la cual Noelle-Neumann definió a la opinión pública.

Según esta especialista, el miedo del individuo a quedar aislado lo lleva a observar su entorno social y a evaluar el carácter movilizador, así como las posibilidades de éxito de ciertos puntos de vista o de ciertas propuestas.

Noelle-Neumann recalca que en una situación inestable el individuo es testigo de una lucha entre posturas opuestas y debe tomar partido. Puede estar de acuerdo con el punto de vista dominante, lo cual refuerza la confianza en sí mismo y le permite

---

[14] Price, Vincent. *La Opinión Pública. Esfera pública y comunicación.* Paidós, 1994.

expresarse o correr el riesgo de quedar aislado frente a los que sostienen puntos de vista diferentes.

Como ya dijimos anteriormente, Noelle-Neumann define a la opinión pública como "aquella que puede ser expresada en público sin riesgos de sanciones, y en la cual puede justificarse la acción llevada adelante en público".

En Argentina esa opinión pública fue justamente la fuerza que impulsó los cambios políticos y económicos. Y a este punto podemos agregar que para Noelle-Neumann, "el papel activo y hasta audaz del iniciador de un proceso de formación de la opinión queda reservado para cualquiera que pueda resistir a la amenaza de aislamiento".

Deducimos entonces que en el caso argentino, ese papel activo y audaz estuvo a cargo de los primeros que se atrevieron a salir y golpear las cacerolas, iniciando con ello un proceso de cambio engendrado durante varios meses por los medios y reforzado posteriormente.

Sin embargo, para que estos hechos se produjeran era necesario que estuviera pre-instalada la siguiente condición: el convencimiento de que la mayoría de los argentinos, tal como lo habían visto y escuchado en los medios, pensaba al igual que ellos.

También podemos afirman que con el fin de analizar los cacerolazos, de las cinco hipótesis por medio de las cuales Noelle-Neumann sostiene su teoría, en nuestro caso las que más pesaron fueron las dos últimas: La cuarta formula que "cuanto más débil es la opinión pública más se enreda en un proceso de cambio" y, la quinta, agrega que "si un individuo está convencido de que la tendencia de su opinión va en su misma dirección, el riesgo de aislamiento es mínimo" y, como resultado, no tendrá temor a expresarse.

Por último, me tomo el atrevimiento de elaborar una nueva hipótesis para futuros trabajos tendientes a esclarecer el desempeño de los medios ante y durante el denominado cacerolazo y la posterior renuncia de Fernando De La Rúa:

El rol y el desempeño de los medios de comunicación durante el Gobierno de Fernando De la Rúa y, posteriormente, su renuncia, no sólo reflejaron la opinión pública sino también influyeron sobre ella, la modelaron y originaron el traspaso de las actitudes y pensamientos hacia la acción.

Anexo:

Clarín, Buenos Aires, 15 de diciembre de 2001.

Clarín

UN TOQUE DE ATENCIÓN PARA LA SOLUCIÓN ARGENTINA DE LOS PROBLEMAS ARGENTINOS

SUPLEMENTO DEPORTIVO
La fiebre Racing, en alza
Sólo quedan mil populares y 500 plateas para el partido con Lanús.

SUPLEMENTO ESPECTÁCULOS
Woody Allen no para
A los 66, dice que quiere actuar menos y dirigir más.

INFORMACION GENERAL PAGS. 54 Y 55
Bachillerato a distancia y trucho
Operaba desde Córdoba y La Rioja. Hay más de 5 mil damnificados.

SUPLEMENTO DEPORTIVO
"Esto no es un adiós"
Antes de irse de Boca, Bianchi dijo que volverá.

►AYER HABIA VENCIMIENTOS DE LA DEUDA POR 950 MILLONES

La Argentina pagó y evitó el default

►Vencían letras por 770 millones. Una parte se renovó y otra se pagó en efectivo, con recursos de la recaudación. También se debían pagar 180 millones por obligaciones con organismos internacionales, incluido el FMI. Ese vencimiento se pasó para la semana que viene. El cumplimiento era clave para la credibilidad del país en el exterior. Hasta último momento hubo dudas sobre si se podría afrontar. PAG. 8

►Permitirían sacar más efectivo para Navidad, pero prohíben los adelantos de las tarjetas.

►Prorrogaron hasta el 31 de este mes el vencimiento de facturas de Telefónica y de Telecom.

►La UCR y el PJ rechazan en el Congreso la eliminación del aguinaldo para estatales en 2002.

►EN LAS FIESTAS

Cómo usar la pirotecnia con el menor riesgo posible

►Una guía práctica para distinguir la pirotecnia trucha, que es la más peligrosa, de la legal. Lo que hay que mirar: la mecha, el envoltorio y la autorización. El año pasado sólo en Capital hubo 621 heridos y muchas amputaciones. PAG. 62

►SUPLEMENTO CULTURA

La muestra que sacude a Europa: ¿arte o profanación?

►Entrevista con Ghunter von Hagens. Es un anatomista alemán que hace estatuas con cadáveres. Su exposición ya la vieron más de 7 millones de personas. Y desató toda clase de polémicas.

BUSCANDO A BIN LADEN. EL HUMO DE LOS BOMBARDEOS, AYER, EN LAS MONTAÑAS DE TORA BORA.

►PODRIAN LLEGAR A SER HASTA 800 HOMBRES

Tropas de paz argentinas a Afganistán

►Integrarán una fuerza multinacional. No intervendrán en combates, sino que irán como Cascos Azules de las Naciones Unidas, que resguardan la paz. Los primeros cien soldados argentinos llegarían a la zona en una semana. Llevarán un hospital de campaña. Y por primera vez podrían participar infantes de marina. PAGS. 46 A 52

FRASE DEL DIA SHIMON PERES, CANCILLER ISRAELI: "A VECES LAS INICIATIVAS MILITARES DEL PRIMER MINISTRO SHARON ME HACEN TEMBLAR". PAG. 36

Clarín, Buenos Aires, 16 de diciembre de 2001.

Rev. Viva
►Shakira, la reina del pop latino, apunta al mercado en inglés.

Almanaque 2002
►Gratis, la 5ª entrega.

Turf
►40 mil personas vieron el Pellegrini.

Supl. Espect.
Pergolini dice que no es por plata que vuelve a la televisión con CQC.

Información General
►"Mi granito de arena". Comienza un plan para ayudar a los que menos tienen. Participa el Grupo Clarín.

DOMINGO
Clarín

Gobierno: avanza la idea de dolarizar

LO HARÍAN SI SE PROFUNDIZA LA CRISIS. Es el plan alternativo si fracasa el acuerdo con el PJ para un nuevo ajuste, como reclama el FMI, y finalmente se cae en la cesación de pagos. Suponen que así se evitaría una crisis total, pero admiten que dolarizar tendrá un alto costo económico y social.

►Cómo impactaría una dolarización en la vida de la gente.

►Una medida que no resuelve problemas de fondo en la economía.

Al final no tocarían el aguinaldo de estatales
►El proyecto de Presupuesto va mañana al Congreso.

PANORAMA POLÍTICO
►Las últimas cartas para evitar el colapso

►LA LUCHA POR EL TÍTULO
Racing y River, en un día que puede ser clave
►Faltan dos fechas y Racing lleva tres puntos de ventaja. Si hoy amplía esa diferencia, será campeón. A las 17.10, y por TV codificada, juega con Lanús. River enfrenta a Argentinos.

►EN DIEZ AÑOS
Cómo cambia la familia de los porteños
►Los casamientos bajaron un 26% y las parejas de hecho crecieron más del doble. Además, nacen menos chicos. Es una tendencia que crece por razones económicas y también culturales.

►EL GOBIERNO MENDOCINO REPARTE COMIDA PARA EVITARLOS
Saqueos en Mendoza y Entre Ríos
►Pasó el viernes y se repitió ayer. Unas 20 personas saquearon un supermercado en Guaymallén. El gobierno local distribuyó alimentos entre gente que ya estaba apostada ante otros comercios. Y en Concordia saquearon locales de un supermercado cerrado desde hace tres meses. Reprimieron y una mujer fue herida.

La Nación, Buenos Aires, 16 de diciembre de 2001.

LA NACION

Fueron abiertas 600.000 cuentas en doce días

El nuevo Senado mantiene las viejas mañas

Cómo hablar de sexo con los hijos adolescentes

El tango, un producto argentino que cotiza fuerte

Asaltaron en Palermo al diputado Scioli

El nuevo suplemento informático

Página/12 La Nación, Buenos Aires, 16 de diciembre de 2001.

RECLAME

El segundo CD de la colección

León Gieco

Página/12

el país a diario

INVESTIGACION ESPECIAL

Por qué se constituyó y cómo funciona la sociedad entre Carlos Menem después de su libertad y Fernando de la Rúa en medio de la peor crisis económica de la historia. Los proyectos de dolarización y la reacción del resto del peronismo contra la consagración oficial de Menem

SE HA FORMADO UNA PAREJA

BESTIAL

10 Dos de febrero, por Horacio Verbitsky

8 Liberación o CBU, por Mario Wainfeld

40 Mutilaciones, por Juan Gelman

18 Un represor en el Senado, por Miguel Bonasso

De Gennaro anunció que ya hubo un millón y medio de votos en la consulta del Frenapo

"Supera todo lo esperado"

Un importante número de delegados desconoció el congreso del Frente Grande porque no se definió una política frente a la crisis y al Gobierno. Ibarra fue elegido presidente del partido

Ibarra quedó al Frente después del lío Grande

Clarín, Buenos Aires, 17 de diciembre de 2001.

Clarín

Los Nocheros, en cima. En Salta cantaron todos sus éxitos y glorias.

No habrá dolarización forzosa, dice el Gobierno

Siguen los aguinaldos a estatales y la suba de salarios del 7% para afiliados a las AFJP. Pero suspenden una devolución de Ganancias.

Rodríguez Giavarini viajó a EE.UU. con una carta de De la Rúa para Bush

No ceden los saqueos en el Gran Mendoza: represión y 4 detenidos.

Hoy, paro de trenes. La medida afectará a 1.300.000 usuarios.

Racing está a un punto de su gran sueño

El triunfo le aseguró el primer puesto. Llega a la última fecha con 3 puntos de ventaja sobre River, que venció 3-1 a Argentinos. A pura voluntad y empujado por su gente, Racing acaricia un campeonato que ya lleva 35 años de espera. River recibirá a Central y está obligado a ganar para aspirar a un desempate.

Fue a una fiesta de egresados y nunca volvió

La Nación, Buenos Aires, 17 de diciembre de 2001.

LA NACION

El debate del presupuesto 2002:

Cavallo advierte: si no se baja el gasto político habrá más ajustes

Exhortó a las provincias, a la Justicia, a los ministros y a los legisladores a extremar la austeridad

Desempleo: ahora afecta a los más preparados

Están sin trabajo 61.000 profesionales

La Academia, cerca de terminar con 35 años sin títulos

Racing, a un punto de ser campeón

Le ganó 2 a 0 a Lanús; River, segundo a tres puntos, superó a Argentinos por 3 a 1

Los satélites, una nueva arma contra inundaciones

Permitirán dar un alerta temprano

La guerra contra el terrorismo:

Cayó Tora Bora y los últimos talibanes huyen de Afganistán

EE.UU. descartó sin embargo que la lucha haya concluido

Mi PC, la informática al alcance de todos

Prometedora terapia para combatir el cáncer

En ratones logró excelentes resultados

Página/12, Buenos Aires, 17 de diciembre de 2001.

La UIA propone que el Gobierno también ponga techo a los intereses de préstamos, hipotecas y tarjetas de crédito

Un alivio de 2500 millones

Página/9

Racing ganó, River también y el suspenso sigue hasta la última fecha del campeonato

Por 3 puntos

Suplemento Líbero

Página/12

el país a diario

Buenos Aires, lunes 17 de diciembre de 2001 · Año 15 · Nº 4696

En medio de la crisis hay un masivo respaldo a la búsqueda de alternativa al modelo económico vigente: el Frente Nacional contra la Pobreza anunció que ya votaron casi dos millones de personas por un salario de ciudadanía para los jefes de hogar desempleados. Hoy termina la consulta popular

OTRO CAMINO

11 Clasista y combativa, *por Susana Viau*

13 Colma en la cárcel, *por Miguel Bonasso*

¡GOOOOL!

PLACER Lapicera favorita Página/19

14/15 En la villa, *por Sergio Kiernan*

28 Apuntes invisibles, *por Rodrigo Fresán*

Clarín, Buenos Aires, 18 de diciembre de 2001.

Clarín

Por única vez, dejan sacar 500 pesos más

►El Banco Central dice que la medida regirá desde mañana. Pero recién hoy se sabrá si todos los bancos estarán en condiciones de poder implementarla de inmediato. Los 500 pesos se podrán retirar todos juntos. Si se extrae menos de esa suma, el excedente se acumulará a los mil pesos permitidos para enero.

►Las tarjetas de crédito financian sólo en dólares y están cobrando tasas del 30% promedio, las más altas del mundo, y en enero subirán.

►Refuerzan las medidas de seguridad en el Gran Buenos Aires por temor a saqueos. Hubo nuevos intentos en el interior

Presupuesto 2002: se gastarán 9.200 millones menos ►4.000 son de recortes y 5.200 de ahorros en el pago de intereses de la deuda.

Turistas en problemas por el cierre de una agencia

►Punta Cana, Cancún, La Habana y Playa del Carmen, los destinos con más viajeros perjudicados

En Racing ya juegan el partido clave con Vélez

►Las mujeres del año

La Nación, Buenos Aires, 18 de diciembre de 2001.

LA NACION

El presupuesto prevé un fuerte ajuste de casi $ 9200 millones

De ese monto, 5300 millones corresponden a la reducción en el pago de intereses de la deuda pública

Hasta el 31 de enero

Dejan sacar 500 pesos más para las fiestas

Desde mañana, en cajas salario

El análisis de la noticia

Ante un desafío histórico

Caída industrial

Fallido intento de golpe de Estado en Haití

Un grupo armado tomó el palacio presidencial; 8 muertos

Cuando el arte no tiene límites

Actuaron a sala llena en la calle Corrientes

Los colegios más caros no son los primeros

Página/12, Buenos Aires, 18 de diciembre de 2001.

Cavallo presentó el proyecto de Presupuesto al Congreso. Se mantiene el recorte de salarios y jubilaciones y se elimina el incentivo docente y fondos provinciales. "No votaremos fantasías", anticipó la oposición

El mayor ajuste de la historia

Páginas/8/9

OTRO CAMINO

La Consulta contra la Pobreza logró 2.700.000 votos

Página/[illegible]

Página/12

el país a diario

Buenos Aires, martes 18 de diciembre de 2001 - Año 15 - Nº [illegible]
Precio de este ejemplar: $1,20 - Recargo venta interior: $0,20 - En Uruguay: $23
Opcional revista con CD León Gieco: $6

La ola de saqueos y reclamos de comida llegó al Gran Buenos Aires. Más de mil desocupados sitiaron tres hipermercados de Quilmes. Estos recurrieron a la policía, que extendió la protección a Lomas de Zamora, Lanús y Avellaneda. El gobierno provincial se comprometió a distribuir alimentos Páginas/2 a 6

NAVIDAD AMARGA

- En Rosario hubo 20 heridos con balas de goma cuando la policía reprimió a un centenar de vecinos que reclamaban comida. En Mendoza y Salta la presencia policial impidió que la gente asaltara los supermercados.
- Desarrollo Social prometió distribuir 200.000 kilos de alimentos en las zonas afectadas por los reclamos. Las Fuerzas de seguridad creen que no hay organizadores políticos detrás de los saqueos sino hambre.

SINCERIDAD

Para el regreso de "CQC" a la tele Andy Kusnetzoff [illegible] al funcionario: "[illegible] usted, volvemos nosotros. Todo vuelve". Nadie sabe bien si la contestación fue un [illegible] al humor o a la sinceridad. "Espero que a todos les vaya mejor que a mí", fue la respuesta de Domingo Cavallo.

7 Chau Dumón, por Miguel Bonasso

Clarín, Buenos Aires, 19 de diciembre de 2001.

Clarín

Presupuesto: el recorte es de 6.000 millones

▸Ya empezó a analizarlo Diputados. Las podas más grandes son la caída del incentivo docente y la quita de 13% a las provincias. A la ANSeS le sacan 657 millones y se eliminan 24.000 empleos públicos. Además, Cavallo podría recortar 1.500 millones a lo largo del año, como acordó con el FMI.

▸El Parlamento, frente a una dura batalla política

▸El gobierno de EE.UU. dice que vería con agrado un acuerdo político para que salga el Presupuesto.

Cavallo enfrenta a los jueces ▸Les dijo a los bancos que no acepten la liberación de fondos

Una noche de saqueos y violencia

Absolvieron al único acusado por la muerte de Rodrigo

▸Una pieza que fue muy directa y terminante: "Rodrigo fue el causante de su propia muerte"

Cuando irse de vacaciones se transforma en una pesadilla

Passarella duró apenas 42 días en el Parma

La Nación, Buenos Aires, 19 de diciembre de 2001.

LA NACION

La recesión

Cuestionó el FMI la política económica de la Argentina

Dijo que la combinación de déficit fiscal, deuda pública y régimen cambiario no es sostenible

La situación

El comienzo de la solución pasa por el presupuesto

Repsol YPF invertirá 6240 millones hasta el año 2005

Casi el 60 % de sus ganancias proviene de la Argentina

Las farmacias dejan de atender al PAMI

Récord de policías asesinados desde 1976

Son 55 los muertos en lo que va de 2001

Por la obra "Un viaje a Estambul"

Sánchez Granel recibió el Premio La Nacion de Novela

Pesquera fue absuelto por la muerte de Rodrigo

Para el tribunal, el cantante fue el culpable de su accidente

Página/12, Buenos Aires, 19 de diciembre de 2001.

La Justicia absolvió a Pesquera por la muerte de Rodrigo

"Fue exclusiva responsabilidad de la víctima"

Reclame LA AGENDA 2002 de las preguntas de Rep

RECLAME EL FASCICULO Nº 31 DEL DICCIONARIO DE LOS ARGENTINOS

Página/12

el país a diario

DESESPERANTE

Sombría mirada del FMI sobre la política de Cavallo

El Fondo pronostica que la Argentina se achicará aún más en el 2002. Uno de sus principales directores descartó que pueda mantenerse la actual "combinación de política fiscal y tipo de cambio"

"NO ES SOSTENIBLE"

- *Un vocero del FMI confirmó que se podría postergar el pago de 940 millones en enero para evitar el default.*
- *Los acreedores comparan los argumentos de Cavallo sobre el pago de la deuda con los de Clinton sobre sus relaciones con Monica Lewinsky. "Están malgastando sus escasas reservas", aseguran.*
- *Economía reconoció que este año el PBI se achicará un tres por ciento.*

Reportaje a Adam Lerrick, uno de los economistas más influyentes de la administración Bush

"Imposible no devaluar"

8 Los jueces contra Cavallo El Supremo, *por Martín Granovsky*

Último momento

Preocupación en el Gobierno nacional y provincial

Saqueos en San Miguel y Moreno

32 Un día muy loco en el banco, *por Sandra Russo*

Clarín, Buenos Aires, 20 de diciembre de 2001.

Clarín

►DESPUES DE UN DIA NEGRO PARA EL GOBIERNO

Se va Cavallo: negocian con el peronismo

►El ministro presentó su renuncia y pidió protección para él y su familia. Podría irse del país. Su renuncia se produjo junto a la del resto del Gabinete. En el desenlace fue clave la protesta de la gente. El oficialismo buscaba anoche un pacto de gobernabilidad y un gabinete de coalición para sostener a De la Rúa. PAGS. 3 A 43

►Hubo saqueos en la Capital y en once provincias, con siete muertos y 138 heridos.

►La clase media hizo su propia protesta: gigantesco cacerolazo y marchas en la ciudad.

►Anoche, De la Rúa decretó el estado de sitio por treinta días y una vez más llamó al consenso.

ANALISIS

►Un Gobierno sin poder, que perdió la autoridad.

FRASE DEL DIA: FERNANDO DE LA RUA, EN SU MENSAJE AL PAIS SOBRE LOS HECHOS DE AYER: "HAY QUE DISTINGUIR ENTRE LOS NECESITADOS Y LOS VIOLENTOS". PAG. 4

La Nación, Buenos Aires, 20 de diciembre de 2001.

LA NACION

Renunció De la Rúa

El peronista Puerta está a cargo del Poder Ejecutivo

El senador del PJ convocó para hoy, a las 11, a la Asamblea Legislativa, que aceptará la dimisión presidencial y además nombrará al sucesor, que pertenecerá al peronismo, con mayoría en las dos cámaras; habrá hoy feriado cambiario

Qué cambios económicos estudian para la transición

Moratoria para la deuda y salir de la convertibilidad

La vigencia de un viejo estigma

Veintitrés muertos y miles de heridos

Página/12, Buenos Aires, 20 de diciembre de 2001.

Reclame

Página/12

el país a diario

Saqueos masivos, estado de sitio, repudio generalizado y crisis oficial

ERUPCION

Cinco muertos y decenas de heridos fue el terrible saldo de un día de saqueos en todo el país. El Gobierno quedó paralizado y solo atinó a decretar el estado de sitio. La gente respondió con un cacerolazo generalizado y movilizaciones que culminaron en Congreso y Plaza de Mayo. Resultado: ofreció su salida el Ministro y el Gobierno quedó en terapia intensiva

ESTALLO LA GENTE Y RENUNCIO CAVALLO

Opinan: 2 *Martín Granovsky* / 5 *Horacio Verbitsky* / 6 *Mario Wainfeld* / 8 *Julio Nudler* 9 *Maximiliano Montenegro* / 12 *Miguel Bonasso* / 16 *Mempo Giardinelli*

Clarín, Buenos Aires, 21 de diciembre de 2001.

▸EL PERONISMO VUELVE A GOBERNAR

Renunció De la Rúa

▸En sus 740 días, no logró eficiencia ni poder. Debilitado por la ruptura de la Alianza, no tenía apoyo de su partido ni del PJ. Sus últimos intentos fueron un acuerdo con Menem y el "corralito" a los depósitos, para salvar el 1 a 1. Esto apuró su caída y la de Cavallo. Se cierra un ciclo en la política argentina.

▸La sucesión está ahora en manos del Congreso.

El PJ analiza la devaluación

▸Sus dirigentes dan por terminada la convertibilidad. Y estudian pesificar la economía, en vez de dolarizar

La Nación, Buenos Aires, 21 de diciembre de 2001.

LA NACION

Renunció De la Rúa

El peronista Puerta está a cargo del Poder Ejecutivo

El senador del PJ convocó para hoy, a las 11, a la Asamblea Legislativa, que aceptará la dimisión presidencial y además nombrará al sucesor, que pertenecerá al peronismo, con mayoría en las dos cámaras; habrá hoy feriado cambiario

Qué cambios económicos estudian para la transición

Moratoria para la deuda y salir de la convertibilidad

El análisis de la noticia

La vigencia de un viejo estigma

Veintitrés muertos y miles de heridos

En el trágico saldo de las últimas 48 horas

Página/12, Buenos Aires, 21 de diciembre de 2001.

Se decretó el feriado cambiario para hoy. Todos los actores económicos dan por seguros la devaluación y el default

DEVALUACION Y VALOR

Página/12

El PJ quedó dueño de la situación

De la Rúa se fue, pero dejó 26 muertos a sus espaldas

A sólo 740 días de su llegada, el Presidente abandonó su puesto corrido por los saqueos y las protestas que desató su gobierno. De despedida, ordenó la represión sobre los que protestaban en Plaza de Mayo y provocó otras cinco muertes, centenares de heridos y una ola de violencia en pleno centro

EL PEOR FINAL

- *La Asamblea Legislativa acepta hoy la renuncia y asume el justicialista Ramón Puerta por 48 horas, el tiempo que tiene la Asamblea para definir si convoca a elecciones anticipadas y el nombre del que presidirá la transición.*
- *Hubo saqueos en pleno centro. Fueron destruidos bancos, comercios y muchos automóviles. En el Conurbano se desató una guerra de todos contra todos. Los saqueos llegaron hasta las casas particulares y los propietarios se defendieron armados.*

IMAGEN

Opinan: 2 *Martín Granovsky* / 8 *Miguel Bonasso* / 10 *José P. Feinmann* / 11 *Luis Bruschtein, James Neilson* / 16 *Julio Nudler* / 19 *Raúl Dellatorre* / 20 *Andrea Ferrari* / 21 *Sandra Russo* / 24 *Juan Forn* / 40 *J. M. Pasquini Durán*

4. Bibliografía

- **Price, Vincent**. *La opinión pública. Esfera pública y comunicación.* Paidós.

- **Aristóteles**. *Retórica.* Alianza Editorial. Madrid, 2000.

- **Domenach, Jean-Marie**. *La Propaganda Política.* Eudeba, 1955.

- **Fernández, José Luis**. *La entrada mediática.* Buenos Aires

- **McLuhan, Marshall y Fiore Quentin**. *El medio es el masaje.* Paidós. Buenos Aires, 1995.

- **Noellé-Neumann, Elisabeth**. *La espiral del silencio. Opinión Pública: nuestra piel social.* Paidós, Barcelona, 1994.

- **Price, Vincent**. *La Opinión Pública. Esfera pública y comunicación.* Paidós, 1994.

- **Sinópoli, Daniel Alberto**. *Opinión Pública y Consumos Culturales. Reconocimiento de las estrategias persuasivas.* Docencia, Buenos Aires, 1997.

- **Verón, Eliseo**. *La Semiosis social. Fragmentos de una teoría de la discursividad,* Gedisa.

- **Wolf, Mauro**. *La investigación de la comunicación de masas,* Paidós, Barcelona, 1987.

www.ingramcontent.com/pod-product-compliance
Ingram Content Group UK Ltd.
Pitfield, Milton Keynes, MK11 3LW, UK
UKHW020232250726
13967UKWH00001B/326

9 780557 180264